Meu livro de
Orações

Dados Internacionais de Catalogação na Publicação (CIP)
(Câmara Brasileira do Livro, SP, Brasil)

Box, Su
    Meu livro de orações / Su Box ; [tradução Cristina Paixão Lopes] ; ilustrações Carolyn Cox. — 3. ed. — São Paulo : Paulinas, 2012.

    Título original: My book of prayers
    Bibliografia
    ISBN 978-85-356-3244-6
    ISBN 0-7459-4815-4 (ed. original)

    1. Oração   2. Oração - Cristianismo   3. Vida cristã   I. Cox, Carolyn.   II. Título.

12-08023   CDD-248.32

                     Índice para catálogo sistemático:
                1. Oração : Cristianismo   248.32

Revisado conforme a nova ortografia.

Título original da obra: *My book of prayers*

Texto: © 2003 Su Box

Ilustrações: © 2003 Carolyn Cox

© 2003 Lion Publishing plc, Oxford, England

Citações bíblicas: *Bíblia Sagrada* – tradução da CNBB, 2ª ed. 2002.

Direção-geral: *Flávia Reginatto*
Editora responsável: *Luzia M. de Oliveira Sena*
Assistente de edição: *Andréia Schweitzer*
Tradução: *Cristina Paixão Lopes*
Copidesque: *Rosa Maria Aires Cunha*
Coordenação de revisão: *Marina Mendonça*
Revisão: *Rosangela Barbosa, Leonilda Menossi, Marcia Nunes*
Direção de arte: *Irma Cipriani*
Gerente de produção: *Felício Calegaro Neto*
Capa e editoração eletrônica: *Wilson Teodoro Garcia*
Ilustrações: *Carolyn Cox*

3ª edição – 2012
4ª reimpressão – 2022

Nenhuma parte desta obra pode ser reproduzida ou transmitida por qualquer forma e/ou quaisquer meios (eletrônico ou mecânico, incluindo fotocópia e gravação) ou arquivada em qualquer sistema ou banco de dados sem permissão escrita da Editora. Direitos reservados.

Paulinas
Rua Dona Inácia Uchoa, 62
04110-020 – São Paulo – SP (Brasil)
Tel.: (11) 2125-3500
http://www.paulinas.com.br
editora@paulinas.com.br
Telemarketing e SAC: 0800-7010081
© Pia Sociedade Filhas de São Paulo – São Paulo, 2007

Meu livro de Orações

Escritas e compiladas por Su Box
Ilustradas por Carolyn Cox

Sumário

Introdução 9

Meu mundo

Oi, Deus! 12
Tudo sobre mim 14
Minha família: os adultos 16
Minha família: irmãos e irmãs 18
Minha família: todos juntos 20
Nosso lar 22

Meu dia

Pela manhã 26
Às refeições 28
Na escola 30
Nas brincadeiras 32
Meus amigos 34
À noite 38

Nosso mundo

O mundo ao nosso redor 42

As pessoas do mundo 46

Todas as criaturas de Deus 48

Na cidade 52

No campo 54

O tempo 56

As estações do ano 58

Cuidar do mundo 60

Dias tristes

Doença 64

O adeus mais difícil 66

Dias difíceis 68

Quando as coisas dão errado 72

Por favor, Deus, me ajude 74

Dias felizes

Feriados 78

Aniversários 80

Domingos 82

Natal 84

Páscoa 86

Colheita 88

Obrigado(a), ó Deus! 90

Deus, o Senhor é maravilhoso! 92

Todos os dias

Pai-nosso 94

Santo anjo do Senhor 94

Ave-Maria 95

Glória 95

Introdução

No dia a dia, você reza ou conversa com Deus? Muitas pessoas fazem suas preces nas igrejas ou no aconchego dos lares, em especial antes de dormir. Mas você sabia que pode rezar a qualquer momento e em qualquer lugar? Nesses instantes, Deus quer que lhe falemos sobre todas as coisas; como Pai, ele compreende nossos sentimentos mais profundos.

No entanto, algumas vezes, nós nos sentimos inseguros com o que vamos dizer. Por isso, neste livro, são apresentadas orações para o ano todo, incluindo dias comuns e ocasiões especiais. Se desejar, você pode fazer mudanças nos textos originais, como, por exemplo, acrescentar o nome da pessoa ou da intenção pelas quais está rezando.

Oração é
falar com Deus,
ouvir Deus,
amar a Deus.

Alison Winn

MEU MUNDO

Oi, Deus!

Aqui estou eu,
debaixo do céu azul,
rezando sozinho(a);
mas sei que
Deus está me ouvindo,
porque ele está
em toda parte.

Lois Rock

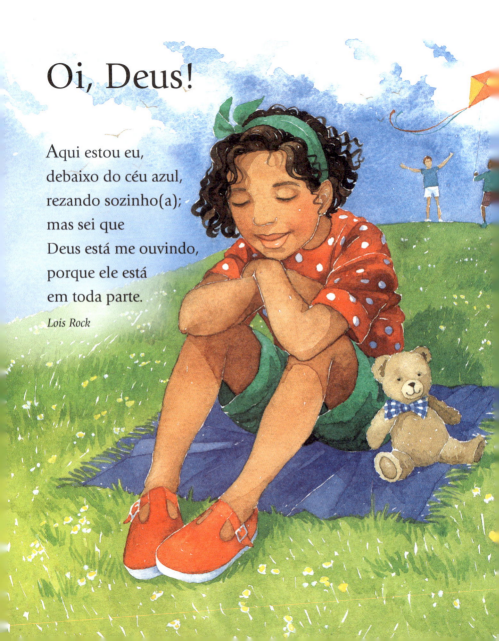

Minha mente está serena.
Minhas mãos estão tranquilas.
Meus braços estão quietos.
Meus pés estão sossegados.
Agora, eu junto as mãos para rezar.

Autor desconhecido

Quando você não consegue rezar com palavras,
Deus ouve o seu coração.

Autor desconhecido

Obrigado(a), Deus, por se interessar por mim
e por meus atos.
Obrigado(a), porque posso rezar ao Senhor,
porque o Senhor ouve tudo o que digo.
Quando estou contente ou triste,
e até mesmo quando estou errado(a),
o Senhor está comigo.
Eu o louvo, Deus, porque o Senhor me ama
agora e por toda a vida.

Tudo sobre mim

Deus, o Senhor sabe tudo sobre mim...
Eu o louvo porque me fez
de maneira admirável e maravilhosa.
Cf. Sl 139[138]

Obrigado(a), Deus, por ter-me feito,
por tudo o que sou e por tudo o que posso ver.
Obrigado(a) por seu cuidado amoroso,
por toda a sua criação, em toda a parte.

Querido Deus,
aqui estou: seu(sua) filho(a), repleto(a) de vida
e ansioso(a) para aprender sobre o seu mundo.

Deus, o Senhor me fez exatamente como sou.
Obrigado(a), porque não há ninguém completamente
igual a mim, em nenhum lugar do mundo.
Isso faz com que me sinta muito especial.

Querido Deus,
obrigado(a) pela mamãe e pelo papai,
que me dão tantas coisas,
especialmente muito amor.
Ajude-me a mostrar-lhes que também os amo.

    Ajude-me, Deus, a ouvir meus pais
    e a escutar suas sábias palavras.

Querido Deus,
obrigado(a) pela mamãe e pelo papai.
Eles têm muitas coisas para fazer hoje.
Ajude-os a terminá-las logo,
para que tenhamos tempo para brincar.

    Querido Deus, não deve ser fácil envelhecer.
    Dê-me paciência quando a vovó e o vovô
    se esquecerem das coisas.
    Ajude-me a ouvir quando eles quiserem falar.
    Um dia, eu também vou ser velhinho(a).

Minha família: irmãos e irmãs

Querido Deus,
nem sempre é fácil ter irmãos e irmãs.
Mas, às vezes, é ótimo.
Ajude-nos a ter harmonia.

> Querido Deus,
> às vezes, eu gostaria de ter um irmão ou irmã
> para brincar.
> Por favor, ajude-me a não me sentir só.

Estamos muito contentes, porque temos um novo bebê na família. Obrigado(a), Deus!

> Querido Deus, obrigado(a) por meus irmãos.
> Eles sempre entendem como estou me sentindo.
>
> *Olwen Turchetta*

Minha família: todos juntos

Que Deus abençoe todos aqueles que eu amo;
que Deus abençoe todos aqueles que me amam;
que Deus abençoe todos aqueles que amam quem eu amo,
e todos aqueles que amam os que me amam.

De um bordado da Nova Inglaterra

Obrigado(a) pelo amor que demonstramos
quando nos abraçamos.

Querido Deus,
fico contente porque seu filho, Jesus,
viveu em uma família.
Ele conhece as coisas boas
e difíceis de se viver com os outros.
Ajude nossa família a ser feliz, segura e amorosa.

Nosso lar

Mamãe diz que o nosso lar é mais que uma casa,
porque está repleto de amor.
Obrigado(a), Deus, por minha família e por seu amor.

    Querido Deus, rezo pelas crianças
    que vivem em lares infelizes.
    Por favor, ajude-as a não ficar tristes.

Que o nosso lar seja feliz.
Que o nosso lar seja seguro.
Que o nosso lar seja amoroso.
Que o nosso lar seja abençoado.

Lois Rock

Abençoe esta casa, que é o nosso lar.
Que possamos acolher todos os que aqui chegarem.

Anônimo

Pai amoroso, ouça a minha oração,
por todas as suas criaturas, em toda parte;
pelos animais, grandes e pequenos,
e por meus bichinhos de estimação –
por favor, abençoe todos eles.

Mary Batchelor

MEU DIA

Pela manhã

Esta manhã, Deus,
é o seu dia.
Eu sou seu(sua) filho(a),
mostre-me seu caminho.
Amém.

Autor desconhecido

"Este é o dia que o Senhor fez:
exultemos e alegremo-nos nele".

Sl 118(117),24

Pai, nós lhe agradecemos pela noite
e pela agradável luz da manhã;
pelo descanso, pelo alimento, pelo cuidado amoroso
e por tudo o que faz o dia tão belo.
Ajude-nos a fazer as coisas necessárias
e a ser delicados e bons com as pessoas,
em tudo o que fizermos, no trabalho ou na diversão,
para nos tornarmos mais amorosos todos os dias.

Autor desconhecido

Querido Deus,
obrigado(a) por este novo dia.
Amém.

Às refeições

Deus é grande, Deus é bom.
Agradeçamos a ele pelo pão diário.

Oração tradicional inglesa

A cada vez que comermos,
lembremo-nos do amor de Deus.

Oração chinesa

Pelo que vamos receber, Senhor,
lhe somos muito gratos.

Oração tradicional inglesa

Abençoe, Senhor amado, meu alimento diário.
Faça-me forte e bom(boa).

A. C. Osborn Hann

O pão é quente e fresco,
a água é fresca e clara.
Senhor da vida, fique conosco,
Senhor da vida, fique perto de nós.

Oração africana

Pelo alimento saboroso e pelas pessoas
com quem o repartimos,
nós lhe agradecemos, Deus.

Na escola

Senhor Jesus Cristo, fique comigo hoje
e me ajude em tudo o que eu penso,
em tudo o que eu faço, em tudo o que eu digo.

Oração tradicional inglesa

Abençoe, ó Senhor,
a obra das minhas mãos.
Abençoe, ó Senhor,
a obra da minha mente.
Abençoe, ó Senhor,
a obra de meu coração.

Autor desconhecido

Querido Deus,
quando não souber a resposta certa,
por favor, ajude-me a fazer a pergunta certa.

Lois Rock

Querido Deus, todos os dias eu aprendo uma coisa nova.
Obrigado(a), porque o mundo é repleto de coisas maravilhosas.

Sarah Medina

Nas brincadeiras

Por toda a minha força
para correr, pular e brincar,
por me fazer como eu sou,
eu lhe agradeço, Senhor.

Adaptado de Mary Batchelor

Jogos de computador, trenzinhos,
bicicletas, pipas. Nós lhe agradecemos, ó Deus,
por todas as diferentes maneiras
pelas quais podemos brincar juntos.

>Querido Deus, ajude-me a saber perder.

Jesus, que eu possa ser como o Senhor:
amoroso e delicado em tudo o que eu fizer;
gentil e feliz quando eu brincar
a seu lado, o dia todo.

M. Ensor

>Querido Deus,
>obrigado(a) pelos dias de sol
>em que eu posso brincar lá fora, com meus amigos,
>e pelos dias de chuva,
>quando posso me divertir lendo livros.
>
>*Olwen Turchetta*

Meus amigos

Obrigado(a) pelos momentos felizes
que vivi com meus amigos hoje.
Obrigado(a) pelas lembranças
que vamos desfrutar no futuro.

> Querido Deus,
> obrigado(a) pelo amigo que mora na casa ao lado
> e pelo amigo do outro lado da rua.
> Por favor, ajude-me a ser amigo(a)
> de todas as pessoas que encontrar.
> Amém.
> *Anônimo*

Obrigado(a), Deus, porque nenhum de nós
é totalmente igual.
Eu gosto de ter amigos que sentem prazer em brincar
e dividir coisas diferentes comigo.

Obrigado(a), Deus, por meus amigos.
Ajude-me a ser bom(boa) amigo(a).
Obrigado(a), mais que tudo, por ser meu melhor amigo.

Pelas crianças solitárias de toda parte,
com as quais ninguém se preocupa,
eu rezo, amado Deus, para que o Senhor lhes envie
um amigo amoroso, bom e especial.

Autor desconhecido

> Querido Deus,
> ajude-me a não desprezar, impensadamente,
> os sentimentos dos meus amigos.

Querido Deus,
perdoe-me por dizer palavras que magoam meu amigo.
Dê-me coragem para pedir desculpas
e ajude-me a falar com delicadeza.

> Querido Deus,
> ajude-me a ser amigável
> com os que não têm amigos.

Querido Deus,
quando os outros estiverem tristes,
ajude-me a consolá-los,
assim como meus amigos me consolam.

À noite

Amado Deus, às vezes, eu sinto medo do escuro.
Ajude-me a lembrar que o Senhor está bem aqui ao meu lado,
para que eu nunca fique só.

Agora que me deito para dormir,
Oro ao Senhor, meu Deus, para seu filhinho guardar;
que seu amor me proteja à noite
e à luz da manhã venha me acordar.

Oração tradicional inglesa

Agora que o dia terminou
e a noite está próxima,
as sombras noturnas
atravessam o céu.

Nas longas vigílias da noite,
que seus anjos estendam
suas asas sobre mim,
permanecendo ao lado de minha cama.

Sabine Baring-Gould

    Senhor, mantenha-nos seguros esta noite,
    livres de todos os nossos temores;
    que os anjos nos guardem no sono,
    até que venha a manhã.

    John Leland

O dia acabou,
o sol se foi
dos lagos,
das montanhas,
do céu.
Descanse em segurança.
Tudo está bem!
Deus está perto.

Anônimo

"Em paz, logo que me deito, adormeço,
pois só tu, Senhor, me fazes descansar com segurança".

Sl 4,9

NOSSO MUNDO

O mundo ao nosso redor

Todas as coisas vivas e belas,
todas as criaturas, grandes e pequenas,
todas as coisas, sábias e maravilhosas,
tudo isso o Senhor Deus fez.

C. F. Alexander

"Grandes e admiráveis são as tuas obras,
Senhor Deus, Todo-Poderoso!"

Ap 15,3

Querido Deus,
obrigado(a) por este mundo maravilhoso.
Há tantas coisas para ver
e apreciar!

Deus fez o mundo tão vasto e grandioso,
repleto das bênçãos de suas mãos.
Fez o céu tão alto e azul,
como também todas as crianças.

Anônimo

    Deus Criador, nós o louvamos por nosso mundo:
    pelas altas montanhas nevadas
    e pelos vales verdes e férteis;
    pelas florestas frondosas, pelos desertos de areia
    e pelos rios que correm para o mar.
    Obrigado(a), por tantos lugares maravilhosos
    e diferentes.

Amado Deus,
que possamos aprender a ver o mundo como o Senhor o vê
e cuidar do mundo do mesmo modo que o Senhor.

Ó Deus, quanto mais exploro seu mundo,
mais maravilhado(a) eu fico.

Ó Deus, que fez a terra,
o ar, o céu e o mar,
que fez nascer a luz,
cuide de mim.

Ó Deus, que fez a grama,
a flor, o fruto e a árvore,
que fez passar o dia e a noite,
cuide de mim.

Ó Deus, que fez todas as coisas
na terra, no ar e no mar,
que traz as várias estações,
cuide de mim.

Sarah Betts Rhodes

As pessoas do mundo

De tudo que habita sob o céu,
que resplandeçam fé, esperança e alegria;
cantem-se a beleza, a verdade e o bem
em todo lugar e em todo idioma.

Oração unitarista

Isto eu sei sobre as alturas:
toda esperança e alegria lá estão.
No círculo do amor de Deus,
há espaço para todos –
e ainda sobra.

Canção sacra

Senhor amado, Criador do mundo,
ajude-nos a amar uns aos outros,
auxilie-nos a cuidar uns dos outros
como a um irmão ou irmã.
Que a amizade possa crescer
de nação em nação.
Traga paz a nosso mundo,
amado Deus da criação.

Anônimo

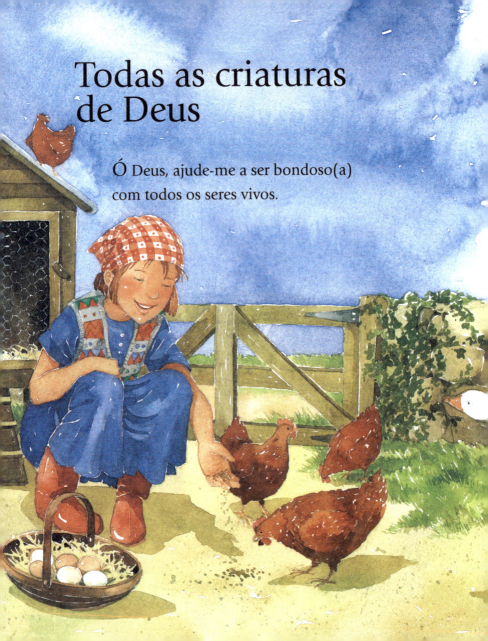

Todas as criaturas de Deus

Ó Deus, ajude-me a ser bondoso(a) com todos os seres vivos.

Amado Deus,
obrigado(a) por criar tantos animais diferentes.
Ajude-nos a aprender a tratá-los bem,
para que possamos apreciar
e compartilhar seu mundo.

Senhor amado,
ajude-me a lembrar que até os animais,
insetos e répteis assustadores
são parte de sua criação,
por isso devem ser tratados com respeito.

>Ele abençoou mais, quem mais amou
>todas as coisas, grandes e pequenas;
>pois o querido Deus, que nos ama,
>a tudo fez e amou.
>
>*Samuel Taylor Coleridge*

Graças pelos animais tão grandes,
graças pelas criaturas pequenas.
Graças por todas as coisas que vivem,
graças, ó Deus, por tudo o que nos concede.

H.W. Dobson

Amado Pai, ouça e abençoe
seus animais e pássaros melodiosos,
e proteja com ternura
as pequenas criaturas.

Margaret Wise Brown

Louvado seja Deus pelos animais,
por suas cores,
por suas pintas e listras,
por suas manchas e cores lisas,
suas garras e patas.

Lynn Warren

Obrigado(a), Deus, por cuidar
de todos os animais, grandes e pequenos!

Na cidade

Deus de todas as nossas cidades,
de cada beco, rua e praça,
por favor, cuide das casas
e abençoe as pessoas que ali vivem.

Joan Gale Thomas

Lojas cheias e lugares tumultuados,
dia e noite agitados.
Ruas barulhentas e rostos desconhecidos,
alvoroço, sons e luzes.
Excitante, porém, às vezes assustadora,
a vida na cidade pode ser dura,
mas o Senhor está conosco, cuidando de nós.
Obrigado(a), Deus-Pai.

Por favor, faça esta cidade segura
para jovens e idosos,
ricos e pobres,
pessoas de todas as raças e lugares.

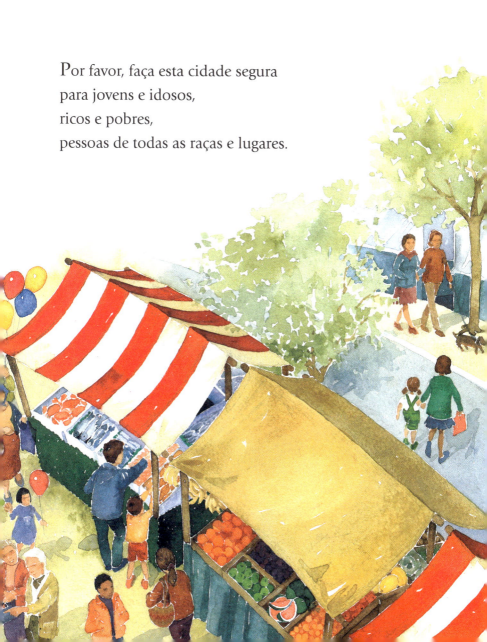

No campo

Senhor amado,
graças por fazer o campo tão belo.
Ajude-nos a não destruí-lo, pois pessoas
e animais nele vivem.

    Obrigado(a) pelos lugares amplos e abertos,
    por onde podemos correr e brincar ao ar fresco
    e ouvir os sons do campo.

Pelas flores que germinam aos nossos pés,
Pai, nós lhe agradecemos.
Pela tenra relva, tão fresca e suave,
Pai, nós lhe agradecemos.
Pelo canto dos pássaros e pelo zumbido das abelhas,
por todas as coisas belas que ouvimos ou vemos,
Pai do céu, nós lhe agradecemos.

Ralph Waldo Emerson

Eu lhe agradeço, Deus,
pelos altos céus
que se alongam
rumo ao firmamento.

O tempo

Senhor amado nas alturas,
faça um céu claro,
faça um dia ótimo
e deixe o agradável sol brilhar.

Oração tradicional inglesa

Amado Deus, obrigado(a) pela chuva
que limpa o nosso mundo e nos oferece a água.

O sol pode brilhar,
a neve pode cair,
Deus para sempre irá
a todos nós amar.

Victoria Tebbs

Se eu pudesse, eu rezaria
para haver bom tempo todo dia.
Mas os fazendeiros precisam da chuva refrescante
e do sol quente para que os grãos amadureçam.
Por isso, amado Deus, esta noite, eu rezo
para que o Senhor nos mande o tempo que achar melhor.

As estações do ano

Obrigado(a), Deus Criador, pelas diferentes estações, que nos falam de seu amor infinito pelo mundo.

Obrigado, Deus, porque podemos usar nossos sentidos para
… sentir o perfume das flores da primavera,
… ver as radiantes cores do verão,
… provar as suculentas frutas do outono,
… usar as roupas quentinhas do inverno
e ouvir o canto dos pássaros o ano inteiro.

Graças, ó Deus, pelo brilho do sol;
graças, ó Deus, pela primavera.
Graças, ó Deus, por nos enviar
todas essas coisas encantadoras.

Mary Batchelor

Cuidar do mundo

Amado Deus,
lamento que tenhamos estragado seu mundo.
Por favor, ajude-nos a cuidar melhor dele.
Ajude-nos a cuidar da terra e de tudo que nela cresce
e a salvar todos os animais ameaçados.

Generoso Deus,
eu sei que o Senhor me dá tudo o que eu preciso
– pedir mais, às vezes, é ganância.
Mas há pessoas muito pobres;
eu lhe peço que dê mais a elas.
Amém.

As pessoas nem sempre têm cuidado.
Elas tornam escassas as criaturas silvestres
ao derrubar árvores
e poluir lagos e mares.
Lamentamos essa confusão –
isso deve lhe causar aflição.
Precisamos mudar as coisas já;
então, por favor, Deus, mostre-nos como.

Amado Deus,
o Senhor plantou o jardim do Éden.
Que possamos tratar as terras selvagens como sagradas.
O Senhor criou a Cidade Celestial.
Que possamos saber que construímos nossas cidades
em terra santa.

Lois Rock

DIAS TRISTES

Doença

Querido Deus, quando eu sentir dor, por favor, me console.

Obrigado(a), Deus, pelos médicos, enfermeiras
e pelas muitas pessoas que ajudam os doentes a melhorar.
Por favor, abençoe seu trabalho de cura.

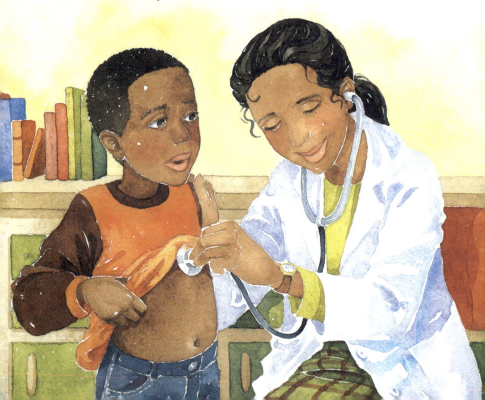

Querido Deus,
hoje eu me sinto indisposto(a). Por favor, ajude-me
a melhorar logo e a ser paciente, até me sentir melhor.

    Deus amoroso,
    fique ao lado dos doentes;
    console os que estão preocupados;
    ajude os que estão sofrendo.
    Que eles possam conhecer seu amor e seu cuidado.

Ajude-me, bondoso Deus, a mostrar seu amor e bondade
a meus amigos e familiares
quando estiverem doentes.

O adeus mais difícil

Todos os dias,
em silêncio, nós nos lembramos
daqueles que amamos
e a quem dissemos um último adeus.
Todos os dias,
em silêncio, nós nos lembramos.

Lois Rock

Querido Deus,
o Senhor sabe o que sentimos
quando morre uma pessoa querida.
Por favor, fique perto de mim
agora que me sinto tão triste.
Amém.

Deus, eu não gostei de dizer hoje
o meu último adeus.
Então me lembrei de que o Senhor recebe com amor
todos os seus filhos em um novo lar, no céu.

Dias difíceis

Querido Deus,
hoje eu preciso tomar uma decisão difícil.
Ajude-me a fazer a coisa certa.

> Querido Deus,
> é duro quando as pessoas não me compreendem.
> Obrigado(a), porque o Senhor me conhece melhor
> que ninguém.

Jesus, o Senhor sabe como é difícil defender o que é certo.
Algumas vezes, o Senhor teve de enfrentar pessoas hostis
e indelicadas.
Ajude-me quando eu tiver de fazer o mesmo.

> Querido Deus,
> ajude-me a enxergar e a corrigir meus erros.

Querido Deus,
saber que o Senhor está comigo, quando estou triste,
é como saber que o sol só está escondido atrás das nuvens.

Deus, às vezes, somos maus e egoístas
e estragamos o dia de alguém.
O Senhor é amoroso e justo com todos;
ajude-nos a viver do seu jeito.

Uma pessoa me magoou hoje.
Agora estou chateado(a) com ela
e não vai ser fácil perdoá-la.
Por favor, ajude-me a tratar essa pessoa
do modo como eu quero ser tratado(a).

Querido Deus,
eu lamento o que fiz de errado
e peço que o Senhor me perdoe.

Quando as coisas dão errado

Amado Deus,
traga paz ao mundo.

Há muitas coisas ruins acontecendo no mundo.
As pessoas estão em guerra, algumas não têm onde
morar e muitas não têm alimento suficiente.
Por favor, Deus, mostre-nos como podemos ajudar.

Deus, eu sei que o Senhor ama o que é justo
e desaprova quando as pessoas humilham as outras
e fazem todo tipo de coisas erradas.
Por favor, auxilie-nos, para que mais pessoas pensem
como o Senhor.

Cf. Am 2,6-7

Amado Deus, por favor, ajude as pessoas que estão sendo tratadas injustamente ou enfrentando perigo a não sentir medo.
Amém.

Por favor, Deus, me ajude!

Senhor Deus,
ajude-me a me tornar a pessoa
que o Senhor quer que eu seja.

> Por favor, traga
> paz ao meu coração,
> paz ao meu lar,
> paz à minha rua,
> paz ao meu mundo.
>
> *Lois Rock*

Deus-Pai, ajude-me a valorizar minhas coisas
e a não querer sempre mais.

> Ó Deus, eu não compreendo por que coisas ruins
> acontecem com pessoas boas;
> mas quero aprender a fazer o bem
> até para quem não é tão bom assim.
>
> *Lois Rock*

Amado Deus, quando eu estiver com medo, por favor, ajude-me a lembrar que o Senhor é mais forte que qualquer coisa que me assuste.

DIAS FELIZES

Feriados

Obrigado(a), Deus,
pelos dias especiais que vão chegar
e pelos dias especiais para recordar.

Felicity Henderson

Pelos dias em casa e pelos dias distantes dela,
eu lhe agradeço hoje, Deus.
Pelos amigos e parentes que vêm para ficar,
eu lhe agradeço hoje, Deus.
Pela mamãe, pelo papai e pelo tempo para brincar,
eu lhe agradeço hoje, Deus.
Por toda a diversão de nosso feriado,
eu lhe agradeço hoje, Deus.

Obrigado(a), Deus, por este dia de verão.
Obrigado(a), Deus, por este dia dourado.
Obrigado(a), Deus, por este dia de descanso.
Obrigado(a), Deus, pelo nosso feriado.

Lois Rock

Aniversários

Guie-me no meu crescimento,
para eu ficar mais sábio(a), gentil,
valente e corajoso(a).

Lois Rock

Querido Deus,
obrigado(a) pelo dia do meu aniversário
e por tudo o que fiz nesse ano.
Algumas coisas foram boas,
outras tristes,
mas o Senhor sempre esteve por perto.

Obrigado(a), Deus, por meu aniversário.
A festa foi divertida, os presentes foram ótimos,
e todos me fizeram sentir realmente especial.
Ajude-me a me lembrar de dar e repartir,
para que eu possa tornar o aniversário dos outros
também especial.

Deus-Pai, por favor, esteja comigo
em todos os momentos deste novo ano.

Domingos

Obrigado(a), Deus, por tudo o que o Senhor fez por nós.
Que, em toda parte, as pessoas possam louvá-lo.

Cf. Sl 67[66],7

Obrigado(a), bondoso Deus, pelo dia de descanso.
Que possamos passar suas horas com atividades
que nos tragam alegria.

Lois Rock

>
> Depois que o Senhor fez o mundo,
> teve um dia de descanso.
> Quando estivermos muito agitados, Senhor,
> lembre-nos de que o seu Reino é melhor.
>
> Que eu possa sentir o Senhor bem perto,
> quando eu parar para orar.
> Ajude-me a ouvir
> a mensagem que me enviar hoje.

Natal

Graças, ó Deus, pelos presentes recebidos no Natal.
Ajude-nos a lembrar que toda felicidade vem do Senhor.

Amado Deus, por favor, conceda seu amor
a todos os que não tem ninguém que os ame no Natal.

Obrigado(a), Senhor, por nos mostrar seu amor
dando-nos o melhor presente de todos – seu filho, Jesus.
Ajude-nos a partilhar o amor cristão com todos
que encontrarmos.

Obrigado(a) por enviar Jesus para ser a luz do mundo
e mostrar a sua luz.

Páscoa

Senhor Jesus, o Senhor sofreu dores e mágoas por nós;
o Senhor morreu na cruz
para levar embora os nossos pecados.
Obrigado(a) por nos amar tanto.
Ajude-nos a amá-lo também.

Mary Batchelor

Jesus querido, o Senhor se feriu na cruz.
Mas, quando melhorou,
o Senhor fez tudo melhorar outra vez.

Oração de uma criança

A Sexta-feira Santa é tempo de tristeza,
a Páscoa é tempo de alegria.
Na Sexta-feira Santa, Jesus morreu,
mas, na Páscoa, ressuscitou.
A Deus, toda graça e louvor.

Mary Batchelor

Sexta-feira, ao pôr do sol vermelho-escuro,
choro, pois Jesus Cristo está morto.
Domingo, ao nascer do sol dourado-brilhante,
Cristo ressuscitou, como foi profetizado.

Lois Rock

Hoje, Jesus Cristo ressuscitou. Aleluia!

Inspirado no Surrexit Christus Hodie

Colheita

Amado Deus no paraíso,
cuide de nossa semeadura:
abençoe os pequenos jardins
e plantas que estão crescendo.

Anônimo

Ó Deus, visitas a terra e a regas com chuvas,
enchendo-a com tuas riquezas.
Assim preparas a terra:
tu irrigas seus sulcos e molha com as chuvas.
Coroas o ano com teus benefícios,
à tua passagem goteja a fartura.

Cf. Sl 65[64],10-12

Obrigado(a), Deus, por nos
oferecer uma boa colheita.
Tudo o que o Senhor nos dá deve ser
dividido. Ajude-nos a repartir
essas dádivas com os demais, para que
o mundo seja um lugar melhor.

O sol e a chuva,
as sementes que dão grãos,
os frutos e as flores,
que crescem com as chuvas.
Obrigado(a), Deus, por tudo
que sua colheita traz.

Obrigado(a), ó Deus!

Amado Deus, obrigado(a),
porque cada um de nós é especial para o Senhor
e porque o Senhor ama e cuida sempre de nós.

Obrigado(a), pelo mundo tão belo.
Obrigado(a), pelo alimento que comemos.
Obrigado(a), pelos pássaros que cantam.
Obrigado(a), Deus, por todas as coisas.

Edith Rutter Leatham

Obrigado(a), Senhor, por ter morrido por nós.
Obrigado(a), por nos amar
mesmo quando fazemos coisas erradas
e, às vezes, nos esquecemos do Senhor.

> Senhor, é bom dar-lhe graças
> desde a manhã até a noite.
>
> *Cf. Sl 92[91],2-3*

Glória a Deus por todas as coisas!

São João Crisóstomo

Deus, o Senhor é maravilhoso!

Cantem hinos ao Senhor!
Cantem hinos!

Cf. Sl 47[46],7

Eu o louvo, Deus, pelo grande amor que sente por nós.
Ajude-me a iluminar meu mundo com a sua luz!

> Amado Deus,
> eu me sinto bem só por saber
> que o Senhor está em todo lugar.
>
> *Oração de uma criança sueca*

Por favor, Deus, meu Senhor,
preencha com louvor cada canto de minha vida,
para que eu possa mostrar a todos
sua essência e seus caminhos.

Horácio Bonar

Deus, nosso Pai,
queremos que o Senhor seja nosso Rei para sempre:
então todos viverão de acordo com sua vontade.
Perdoe-nos pelas coisas erradas que fazemos,
assim como nós perdoamos as pessoas que nos magoam.
Ajude-nos a parar de querer fazer coisas ruins.
Proteja-nos de todo mal.
Amém.

Adaptado do pai-nosso,
a oração que Jesus nos ensinou

Todos os dias

Pai-nosso

Pai nosso que estais nos céus,
santificado seja o vosso nome,
venha a nós o vosso Reino,
seja feita a vossa vontade,
assim na terra como no céu;
o pão nosso de cada dia nos dai hoje,
perdoai-nos as nossas ofensas,
assim como nós perdoamos a quem nos tem ofendido
e não nos deixeis cair em tentação,
mas livrai-nos do mal.
Amém!

Santo anjo do Senhor

Santo anjo do Senhor,
meu zeloso guardador,
já que a ti me confiou a piedade divina,
sempre me rege, me guarda, me governa e ilumina.
Amém!

Ave-Maria

Ave, Maria, cheia de graça,
o Senhor é convosco;
bendita sois vós entre as mulheres
e bendito é o fruto do vosso ventre, Jesus.
Santa Maria, Mãe de Deus, rogai por nós, pecadores,
agora e na hora de nossa morte.
Amém!

Glória

Glória ao Pai, ao Filho e
ao Espírito Santo.
Como era no princípio,
agora e sempre.
Amém!

Rua Dona Inácia Uchoa, 62
04110-020 – São Paulo – SP (Brasil)
Tel.: (11) 2125-3500
http://www.paulinas.com.br – editora@paulinas.com.br
Telemarketing e SAC: 0800-7010081